ANDRZEJ MOSZCZYŃSKI jest autorem 23 książek, 34 wykładów oraz 3 kursów. Pasjonuje go zdobywanie wiedzy z obszaru psychologii osobowości i psychologii pozytywnej.

Ponad 700 razy wystąpił jako prelegent podczas seminariów, konferencji czy kongresów mających charakter społeczny i charytatywny.

Regularnie się dokształca i korzysta ze szkoleń takich organizacji edukacyjnych jak: Harvard Business Review, Ernst & Young, Gallup Institute, PwC.

Jego zainteresowania obejmują następujące tematy: potencjał człowieka, poczucie własnej wartości, szczęście, kluczowe cechy osobowości, w tym między innymi odwaga, wytrwałość, wnikliwość, entuzjazm, wiara w siebie, realizm. Obszar jego zainteresowań stanowią również umiejętności wspierające bycie zadowolonym człowiekiem, między innymi: uczenie się, wyznaczanie celów, planowanie, asertywność, podejmowanie decyzji, inicjatywa, priorytety. Zajmuje się też czynnikami wpływającymi na dobre relacje między ludźmi (należą do nich np. miłość, motywacja, pozytywna postawa, wewnętrzny spokój, zaufanie, mądrość).

Od ponad 30 lat jest przedsiębiorcą. W latach dziewięćdziesiątych był przez dziesięć lat prezesem spółki działającej w branży reklamowej i obejmującej zasięgiem cały kraj. Od 2005 r. do 2015 r. był prezesem spółki inwestycyjnej, która komercjalizowała biurowce, hotele, osiedla mieszkaniowe, galerie handlowe.

W latach 2009-2018 był akcjonariuszem strategicznym oraz przewodniczącym rady nadzorczej fabryki urządzeń okrętowych Expom SA. W 2014 r. utworzył w USA spółkę wydawniczą. Od 2019 r. skupia się przede wszystkim na jej rozwoju.

Inaczej o dobrym i mądrym życiu to książka o umiejętności stosowania strategii osiągania wartościowych celów. Autor opisuje 22 aspekty, które prowadzą do bycia mądrym. W jakim znaczeniu mądrym?

Mądry człowiek jest skupiony na działaniu ukierunkowanym na podnoszenie jakości życia, zarówno swojego, jak i innych. O tym jest ta książka: o byciu szczęśliwym, o poznaniu siebie, by zajmować się tym, w czym mamy największy potencjał, o rozwinięciu poczucia własnej wartości, które jest podstawowym czynnikiem utrzymywania dobrych relacji z samym sobą i innymi ludźmi, o byciu odważnym, wytrwałym, wnikliwym, entuzjastycznym, posiadającym optymalną wiarę w siebie, a także o byciu realistą.

Mądrość to umiejętność czynienia tego, co szlachetne. Z takiego podejścia rodzą się następujące czyny: nie osądzamy, jesteśmy tolerancyjni, życzliwi, pokorni, skromni, umiejący przebaczać. Mądry człowiek to osoba asertywna, wyznaczająca sobie pozytywne cele, ustalająca priorytety, planująca swoje działania, podejmująca decyzje i przyjmująca za nie odpowiedzialność. Mądrość to też zaufanie do siebie i innych, bycie zmotywowanym i posiadającym jasne wartości nadrzędne (do których najczęściej należą: miłość, szczęście, dobro, prawda, wolność).

Autor książki opisuje proces budowania mentalności bycia mądrym. Wszechobecna indoktrynacja jest przeszkodą na tej drodze. Jeśli jakaś grupa nie uczy tolerancji, przekazuje fałszywy obraz bycia zadowolonym człowiekiem, to czy można mówić o uczeniu się mądrości? Zdaniem autora potrzebujemy mądrości niemal jak powietrza czy czystej wody. W tej książce będziesz wielokrotnie zachęcany do bycia mądrym, co w rezultacie prowadzi też do bycia szczęśliwym i spełnionym.

Szczegóły dostępne na stronie:
www.andrewmoszczynski.com

Andrzej Moszczyński

Inaczej o podejmowaniu decyzji

2021

© Andrzej Moszczyński, 2021

Korekta oraz skład i łamanie:
Wydawnictwo Online
www.wydawnictwo-online.pl

Projekt okładki:
Mateusz Rossowiecki

Wydanie I

ISBN 978-83-65873-09-5

Wydawca:

ANDREW MOSZCZYNSKI
I N S T I T U T E

Andrew Moszczynski Institute LLC
1521 Concord Pike STE 303
Wilmington, DE 19803, USA
www.andrewmoszczynski.com

Licencja na Polskę:
Andrew Moszczynski Group sp. z o.o.
ul. Grunwaldzka 472
80-309 Gdańsk
www.andrewmoszczynskigroup.com

Licencję wyłączną na Polskę ma Andrew Moszczynski Group sp. z o.o. Objęta jest nią cała działalność wydawnicza i szkoleniowa Andrew Moszczynski Institute. Bez pisemnego zezwolenia Andrew Moszczynski Group sp. z o.o. zabrania się kopiowania i rozpowszechniania w jakiejkolwiek formie tekstów, elementów graficznych, materiałów szkoleniowych oraz autorskich pomysłów sygnowanych znakiem firmowym Andrew Moszczynski Group.

*Ukochanej Żonie
Marioli*

SPIS TREŚCI

Wstęp	9
Rozdział 1. Samodzielność w podejmowaniu decyzji	11
A. Poznaj siebie	15
B. Decyzje błyskawiczne	17
Rozdział 2. Definicja	21
A. Rozwiązywanie problemów	23
B. Rodzaje decyzji	27
Rozdział 3. Jak decydować właściwie?	31
A. Twój styl decydowania	31
B. Etapy podejmowania decyzji	37
Rozdział 4. Uwaga, przeszkody!	49
Rozdział 5. Decyzja to wybór	55
A. Konsekwencje	56

B. Ryzyko błędu 59
C. Techniki wspomagające podejmowanie decyzji 61

Rozdział 6. W optymalnych warunkach 67

Co możesz zapamiętać? 69

Bibliografia 71

O autorze 87

Opinie o książce 93

Dodatek. Cytaty, które pomagały autorowi napisać tę książkę 97

Wstęp

W każdej niemal życiowej sytuacji podejmujemy jakąś decyzję. Czasem robimy to bezrefleksyjnie i rutynowo, innym razem musimy podołać wielkiemu wyzwaniu – wszystko zależy od stopnia trudności decyzji i naszych predyspozycji do ich podejmowania.

Ponieważ wielu ludzi ma problemy z podejmowaniem decyzji, unika tego i odbiera to jako dyskomfort i zło konieczne, myślę, że warto uczynić swoje życie łatwiejszym, ucząc się tak bardzo potrzebnej na co dzień umiejętności, jaką jest umiejętność podejmowania decyzji.

☼

Rozdział 1

Samodzielność w podejmowaniu decyzji

Znana sieć sklepów z wyposażeniem wnętrz reklamowała się hasłem: „Ty tu urządzisz!". Tak jest w życiu: TY – i tylko TY – decydujesz, jak wygląda Twoje życie. Bo kluczem do sukcesu w tej dziedzinie jest samodzielność.

Bywa, że jedna decyzja zmienia całe nasze życie. Co więcej, przełomowych wyborów nieświadomie dokonujemy niemal codziennie.

Zastanawiamy się rano, czy jechać tą, czy tamtą drogą – wybieramy pierwszą opcję, a potem dowiadujemy się, że na drugiej trasie, tej, z której zrezygnowaliśmy, był karambol. Gdybyśmy pojechali drugą drogą, może teraz leżelibyśmy sparaliżowani po wypadku...

Rozważamy: podjąć pracę w przedsiębiorstwie A czy B? Trudny wybór. Po latach uświadamiamy sobie, że właśnie dzięki temu, że jednak zdecydowaliśmy się na firmę B, spotkaliśmy miłość swojego życia.

Możemy odnieść wrażenie, że naszym życiem rządzi przypadek, że nie mamy większego wpływu na przyszłość, nie możemy wszystkiego zaplanować, przewidzieć czy kontrolować. Są jednak decyzje, dzięki którym w pełni świadomie bierzemy los w swoje ręce, przewidując ich konsekwencje.

Wyobraźmy sobie młodego, zdolnego piłkarza, bramkarza, który staje przed następującym wyborem: grać najlepszym klubie w Europie, ale jako rezerwowy, czyli *de facto* „grzać ławę", czy podpisać kontrakt z klubem ocenianym niżej, za mniejsze pieniądze, ale za to występować w każdym meczu, doskonalić się, pokazywać z jak najlepszej strony? Nie trzeba być znawcą środowiska piłkarskiego, by zdać sobie sprawę, że wybierając pierwszą opcję, bramkarz praktycznie wypada z obiegu, nie jest powoływany do reprezentacji narodowej, ale... ma zapewniony byt na długi czas, może być z rodziną. W drugim zaś przypadku zyskuje możliwość rozwoju i może cieszyć się grą.

Co wybrać? Odpowiedź nie jest łatwa, bo nie ma jednej recepty na życie. Ważne jest, aby to była Twoja decyzja. Bo to TY decydujesz, jak będzie wyglądało Twoje życie. Nie pozwól, by inni robili to za Ciebie.

Czy potrafisz podejmować decyzje? Z pewnością tak. Właśnie podjąłeś jedną z nich – zdecydowałeś się sięgnąć po tę książkę. Pomyślisz może: nie, to nie była moja decyzja, to szef polecił mi przeczytać to w ramach poszerzania kompetencji zawodowych. Ja jednak uważam, że nawet jeśli czytasz to na czyjąś prośbę czy polecenie, to nadal jest to Twoja decyzja, bo przecież mogłeś odmówić. Podobnie jest w z innymi sprawami, na przykład z raportami, które – jak może uważasz – MUSISZ pisać, spotkaniami biznesowymi, na które MUSISZ chodzić, a nawet wagą, którą MUSISZ zrzucić. To nie PRZYMUS, to Twoje decyzje. CHCESZ napisać raport, aby uniknąć rozmowy dyscyplinującej,

CHCESZ iść na spotkanie biznesowe, bo czujesz się odpowiedzialnym mężem i rodzicem, a także CHCESZ zrzucić parę kilo, żeby zmieścić się w ślubny garnitur (ma naprawdę świetny krój!).

Jeśli zrozumiesz, że to Twoje decyzje, że celem są Twoje korzyści, że wyniknie z tego coś dobrego dla Ciebie, to prawdopodobnie Twoja niechęć do tych „zadań" diametralnie się zmniejszy. To, co robimy – zaryzykuję nawet stwierdzenie, że WSZYSTKO, co robimy – wynika z tego, że CHCEMY to robić. To są nasze decyzje. Czy przychodzi Ci na myśl czynność, którą naprawdę i nieodwołalnie musisz wykonać? Ciekaw jestem, co to takiego. Sądzę bowiem, że zawsze jest alternatywa. Na przykład teraz… możesz przerwać czytanie tej książki. Mam jednak nadzieję, że podejmiesz decyzję i tego nie zrobisz ☺.

Nieprzypadkowo mówimy „decyzja należy do" – decyzja ma ojca, osobę, która ją podejmuje i która bierze za nią odpowiedzialność, bo wybór, jakiego dokonujemy, to nie tylko wyraz wolności i samodzielności, ale także zobowiązanie i świadomość konsekwencji. Decyzji nie można się bowiem pozbyć – jeśli ją podjąłem, to wziąłem za nią odpowiedzialność. Na zawsze. Nieodwołalnie. Ta nieuchronność nie powinna jednak przerażać. Jeśli to, co postanowisz, pozostaje w zgodzie z tym, co czujesz i co myślisz, nie musisz się obawiać – wszystko jest w porządku i decyzja na pewno zadziała na Twoją korzyść. Prędzej czy później.

A. Poznaj siebie

Jak istotne jest Twoim zdaniem podejmowanie decyzji na podstawie wiedzy o samym sobie?

Gdy miałem około dwudziestu lat, pewien autor książki, którą akurat czytałem, postawił pytanie: „Czy znasz siebie na tyle dobrze, że wiesz, dokąd podążać?".

To jedno pytanie stało się dla mnie inspiracją, aby podejmować decyzje w oparciu o wartości życiowe, które uznałem za fundament mojego życia. Podjąłem decyzję, by poznać siebie na tyle wnikliwie, żeby zrozumieć, jakie cele sobie wyznaczać. Moim zdaniem to kluczowa sprawa w podejmowaniu decyzji, jeśli mają to być decyzje, których nie będziemy potem żałowali.

Jeśli widzisz zagrożenie, zastanów się, przemyśl konsekwencje swojej decyzji, spróbuj przewidzieć jej skutki. Miej na uwadze to, by doraźne korzyści, być może bardzo kuszące, nie przesłoniły Ci skutków długofalowych, które pojawią się co prawda dopiero później, ale mogą być dotkliwe.

Oto przykład. Marzysz o dużym domu – większym i ładniejszym niż dotychczasowe mieszkanie, w którym Twojej rodzinie jest dość ciasno. Mieszkanie możesz sprzedać, a na pozostałą kwotę potrzebną do zakupu wymarzonego domu wziąć kredyt. Myślami już jesteś w swoim salonie, gdzie oczywiście będzie kominek. Planujesz garderobę i pralnię, a dla każdego dziecka osobny pokój. Czy jednak pomyślałeś także o tym, że utrzymanie domu będzie o wiele droższe? Czynsz, ogrzewanie (w domu będzie gazowe, które kosztuje dużo więcej niż to, które masz teraz), remonty… Stać Cię na to? I czy stać Cię będzie na to za rok, za dziesięć lat?

W rzeczywistości nie zdarzają się sytuacje, kiedy wszyscy są zadowoleni. Twoje decyzje też nie będą się wszystkim podobać. Każdy człowiek, w mniejszym lub większym stopniu, liczy się z opinią otoczenia. Tobie też z pewnością zdanie innych nie jest obojętne. Ważne jest, aby krytykując, odnosić się jedynie do postępowania człowieka (do jego decyzji), a nie do niego jako osoby. Nie pozwól więc, by przez pryzmat Twoich decyzji ktoś krytykował całego Ciebie. Mówiąc krótko: inni mogą oceniać Twoje wybory, ale nie Ciebie jako człowieka.

Ty także nie oceniaj innych. Możesz jedynie skomentować decyzję drugiego człowieka, jeśli on tego od Ciebie oczekuje. Najlepiej, gdyby była to krytyka konstruktywna – i tylko na prośbę osoby, której zachowanie komentujesz.

B. Decyzje błyskawiczne

Jak często o czymś decydujemy? Robimy to wiele razy dziennie, właściwie bez przerwy. Większość tych codziennych decyzji jest automatyczna: chcesz usiąść, widzisz krzesło, siadasz. Tak po prostu. Ale czy na pewno decydujesz się na to bez udziału własnej woli? Otóż nie. Twój mózg błyskawicznie analizuje sytuację, dostępne dane i wyciąga wnioski: krzesło jest stabilne, wytrzymałe, stoi prosto, jest czyste, wystarczająco duże, a Ty jesteś zmęczony, dostatecznie wysoki, znajdujesz się w odpowiedniej odległości i tak dalej. Zatem także w takiej sytuacji myślisz i analizujesz, tyle że bardzo szybko. I podejmujesz decyzję: siadam. Gdyby krzesło było zakurzone, a Ty miałbyś jasne spodnie, prawdopodobnie zdecydowałbyś: nie siadam.

Takich błyskawicznych decyzji, które wydają się wręcz bezmyślnym (a może lepiej powiedzieć: podświadomym) zachowaniem, podejmujesz całe mnóstwo: automatycznie sięgasz po widelec, kiedy masz zjeść drugie danie, a po łyżkę, gdy jesz zupę; automatycznie wybierasz pióro, podpisując ważną umowę, a czerwony ołówek, gdy poprawiasz tekst przemówienia; przed wejściem do biura szefa pukasz; wsiadając do auta, zapinasz pasy; stojąc w kolejce do kasy, wyciągasz kartę płatniczą, a podchodząc do samochodu – kluczyki. To wyuczone zachowania. Kiedyś „opracowałeś" sobie odpowiednie zachowania i teraz prowadzi Cię „automatyczny pilot". Bardzo to wygodne i odciążające umysł.

Rozdział 2

Definicja

Niestety, prawie nic nie jest w życiu pewne i jednoznaczne, musimy więc nieustannie podejmować dużo bardziej brzemienne w skutkach decyzje. Chociażby droga do pracy – prawdopodobnie masz stałą trasę, którą jeździsz, ale zapewne w ciągu ostatniego roku zdarzyło Ci się ją kilka razy zmienić z powodów od siebie niezależnych. Korek, wypadek, konieczność pojechania po drodze do szpitala czy urzędu. Błyskawiczna analiza dostępnych możliwości i wybór nowej trasy. Takich decyzji podejmujesz tysiące... Ale czy podejmujesz te właściwe? Jeśli masz wątpliwości, powinieneś dowiedzieć się, jak dokonywać wyborów, aby ich nie żałować.

Zacznijmy od zdefiniowania tego, czym jest

DECYZJA. Zdaniem Władysława Tatarkiewicza „każda decyzja jest wyrzeczeniem się tego, co nie zostało wybrane". Decyzja bezpośrednio łączy się więc z wyborem. Zazwyczaj zaczyna się od poczucia dyskomfortu lub od dostrzeżenia innych możliwości. Rusza machina: widzisz, że coś może wyglądać inaczej i zaczynasz o tym myśleć, rozważasz, planujesz, snujesz wizje, zastanawiasz się, jak mogłoby być… Wniosek nie zawsze jest prosty. Z pomocą może przyjść – może Cię tutaj zaskoczę – rzut monetą! Nie, nie zachęcam Cię do oddawania się w ręce losu. Rzut monetą traktuję jako swoisty moment prawdy, bo gdy podrzucasz pieniądz, nagle uświadamiasz sobie, jakiego wyniku podświadomie oczekujesz. Jeśli więc zdarza Ci się, że nie wiesz, czego chcesz – rzuć monetą. W rzucie monetą ważny jest nie wynik, a moment rzutu – to wtedy uświadamiasz sobie, czego tak naprawdę chcesz, na jaki wynik liczysz.

A. Rozwiązywanie problemów

Zmiana jest czymś dobrym, bo otwiera nowe możliwości. Paradoksalnie jednak boimy się jej, ponieważ jest to sfera nieznana, niezbadana, nieoswojona. Po fakcie zazwyczaj jesteśmy zadowoleni. Okazuje się, że jest lepiej niż było, przełamaliśmy własne lęki i „nie ma tego złego, co by na dobre nie wyszło".

Żeby jednak coś się zmieniło, potrzebne jest działanie. Trzeba dostrzec, co jest nie tak, co można zrobić lepiej, dokładniej, solidniej, porządniej, oszczędniej, wydajniej, wygodniej. Często widzimy, w czym tkwi problem, widzimy potrzebę zmiany, ale czy łatwo nam jest podjąć działanie? Nie. Nie jest łatwo, bo zmiana bywa bolesna, trudna, ciężka, męcząca. I by nastąpiła poprawa, by żyło nam się lepiej, musimy ponieść trud. Zdajemy sobie z tego sprawę i być może dlatego wielu z nas nie dostrzega niedogodności, udaje przed samym sobą, że wszystko jest w porządku. Wybieramy prowizorkę, rozwiązania tymczasowe. Jakże prawdziwe jest powiedzenie: „Nie ma nic trwalszego niż prowizorka"! Prawdziwe, a zarazem przygnębiające.

Na szczęście prowizorka nie zawsze nas satysfakcjonuje i gdy problem doskwiera nam mocno, postanawiamy „coś z tym zrobić". Postanawiamy. Podejmujemy decyzję, że dokonamy zmiany, czyli *de facto* „podejmujemy decyzję o podjęciu decyzji". A więc decydujemy o czymś, świadomie wybierając jedną z minimum dwóch możliwości.

Decydowanie to wyjście z etapu rozważań, rozmyślań, analizy – i przejście na etap: „Działam! Jestem gotów! Mam plan. Wiem". Decydowanie to rozwiązywanie problemów. Dlatego umiejętność podejmowania decyzji jest tak istotna w naszym życiu. Czekanie na to, że problem sam się rozwiąże, odwlekanie momentu, w którym podejmiemy decyzję, to narażanie się na stres. A zatem bierzemy los w swoje ręce i SAMI decydujemy o tym, jak będzie wyglądać nasze życie. Nie płyniemy z prądem, nie niesie nas tłum, lecz kroczymy samodzielnie.

Oczywiście nie chodzi o to, by za wszelką cenę przeciwstawiać się otoczeniu, postępować wbrew niemu; możemy iść „z tłumem", to znaczy iść w tym samym kierunku, co inni, ale jest to nasza decyzja i nasza droga, tyle że zbieżna z drogami innym ludzi. Nie jesteśmy do tego przymuszani. Samodzielnie tak postanowiliśmy.

To, że decyzja ma być samodzielna, wcale nie oznacza, że nie powinniśmy przed jej podjęciem korzystać z rad czy doświadczeń innych ludzi. Wręcz przeciwnie! Gdy w danej dziedzinie brak Ci wiedzy, pytaj tych, którzy ją posiadają. Typowa sytuacja: rozważania maturzysty, jakie studia wybrać. Ta decyzja zaważy na całym życiu młodego człowieka. Załóżmy, że chce on zostać aktorem. Powinien więc porozmawiać z kimś, kto ten zawód już wykonuje, by poznać jego blaski i cienie, radość, jaką niesie taka praca, a także zagrożenia, jakie stwarza. Powinien uważnie wysłuchać opinii i wziąć je pod uwagę przed podjęciem decyzji. W trudniejszych kwestiach warto zasięgnąć opinii wielu osób, nie tylko jednej.

Kiedy mamy cel, wiemy, dokąd iść. Nawet gdy zboczymy z drogi, będziemy potrafili na nią wrócić, bo jesteśmy zdeterminowani, a nasza decyzja jest ugruntowana dzięki dobremu przygotowaniu i przemyśleniu sprawy. Nasze działania będą zdecydowane, nie zaniechamy ich nawet wtedy, gdy pojawią się przeciwności. Dążymy wytrwale do celu, nie poddając się. Wierzymy w to, co robimy, bo to jest NASZE.

Podjąwszy decyzję, nie od razu uwalniamy się od wątpliwości i od związanego z nimi stresu. Zastanawiamy się, czy zdecydowaliśmy właściwie i czy przewidzieliśmy wszystkie skutki. Mimo że proces podejmowania decyzji nie jest jeszcze zakończony, ważne jest, że coś zrobiliśmy, że nie zostaliśmy w miejscu, pozwalając, by problem narastał.

Ile czasu potrzebujemy na podjęcie decyzji? Często jest to zaledwie chwila – widzisz, że książka zaraz spadnie z półki, więc ją łapiesz. Odruch. Otrzymujesz wiadomość z prośbą o kontakt – od razu oddzwaniasz. Czasem jednak potrzebujesz więcej czasu: dzień, tydzień, rok, a nawet więcej. Zależy to od okoliczności, dziedziny, w jakiej podejmujesz decyzję, indywidulanych predyspozycji itd. Jeśli staniesz przed możliwością, a nawet koniecznością podjęcia decyzji, wiedz, że to bardzo korzystna dla Ciebie sytuacja, oznacza bowiem, że masz wybór: zrobię tak albo tak. TY decydujesz. Masz głos. Możesz zupełnie samodzielnie, w zgodzie ze sobą, dokonać tego wyboru. Zrobić tak, jak TY chcesz.

Bywa jednak, że działamy wbrew sobie, bo kierują nami zasady, według których zostaliśmy wychowani, postępujemy według znanego nam wzorca. Z przyzwyczajenia, niewiedzy czy może strachu przed nieznanym…

B. Rodzaje decyzji

Istnieje wiele rodzajów decyzji. Przedstawię najważniejsze z nich.

Pierwszym nasuwającym się tu podziałem jest rozróżnienie decyzji łatwych i trudnych. Łatwe to dla przykładu wybór rodzaju prezentu dla pracowników. Pracownicy działów kadr czy szefowie firm mają taki dylemat, gdy trzeba wybrać na przykład upominki noworoczne lub jubileuszowe. Co będzie lepsze: bon podarunkowy czy wejściówka do klubu sportowego? A może portfel albo zegarek? Podobną wagę według mnie posiada wybór mebli do sekretariatu.

Trudne decyzje dotyczą życia osobistego, systemu wartości. Co wybrać: kibicowanie synowi podczas ważnego dla niego meczu czy pracę po godzinach, bo kluczowy klient nagle potrzebuje pomocy? Czy podjąć dodatkową pracę w weekendy, nie skorzystać z przysługującego urlopu, lekceważyć zalecenia lekarza i swój stan zdrowia, czy raczej odpuścić sobie robienie kariery i zarabianie pieniędzy, a zadbać o siebie, swoje zdrowie i o relacje w rodzinie? To są dylematy, które mogą spędzać sen z powiek, a przecież nikt inny nie dokona za nas wyboru; musimy wybrać sami i liczyć się z konsekwencjami tego wyboru, czasem bardzo dla nas dotkliwymi.

Kolejny podział to decyzje: najlepsze, zadowalające i złe. Najlepszy wybór to taki, który przynosi najwięcej korzyści i daje największą gwarancję osiągnięcia oczekiwanych rezultatów, a zarazem pociąga za sobą najmniejsze skutki uboczne i minimalne ryzyko niepowodzenia. Decyzja zadowalająca to taka, której rezultat teoretycznie nas zadowoli, ale na dłuższą metę to rozwiązanie może się nie sprawdzić lub może nie być zgodne na przykład z naszym światopoglądem, mimo że początkowo tej rozbieżności nie dostrzegaliśmy. Natomiast zła decyzja to taka, która nie przyniesie nic dobrego, a może wręcz pogorszyć obecną sytuację.

Mamy więc decyzje łatwe i trudne, a także najlepsze, zadowalające i złe. Warto uwzględnić też podział ze względu na to, na kogo ma wpływ decyzja, kto ma ją podjąć i jaki rodzaj kompetencji jest wymagany, aby podjąć tę decyzję… W każdej klasyfikacji podstawą jest świadomość konsekwencji. I tu dochodzimy do bardzo istotnej kwestii, a mianowicie do pytania: jak?

☼

Rozdział 3

Jak decydować właściwie?

W jaki sposób podejmujesz decyzje? Zbierasz i analizujesz dane, wyciągasz wnioski, radzisz się ekspertów? Decydujesz szybko i bez większego namysłu? A może uciekasz od problemów, przeciągasz sytuacje, pozwalasz innym decydować o swoim życiu? Czym kierujesz się, dokonując wyboru?

A. Twój styl decydowania

Istnieje wiele testów psychologicznych, które mogą pomóc Ci w określeniu, w jaki sposób podejmujesz decyzje. Poszukaj ich w Internecie. Oto jeden z nich, określający Twój styl podejmowania decyzji. Odpowiedz na poniższe pytania, wybierając wariant A lub B. Istotne jest, żebyś odpowiadał stanowczo i bez zbędnego zastanawiania się.

1. Co bardziej bierzesz pod uwagę u ludzi?
   A) Ich prawa.
   B) Ich uczucia.
2. Masz skłonność…
   A) …bardziej cenić logikę niż uczucia.
   B) …emocje cenić bardziej niż logikę.
3. Którą z wypowiedzi potraktujesz jako większy komplement?
   A) Ten człowiek jest zawsze rozsądny.
   B) Ten człowiek ma prawdziwe uczucia.
4. Co jest według Ciebie większym błędem?
   A) Przejawiać zbyt wiele serdeczności.
   B) Być niedostatecznie serdecznym.
5. Jakiego przywódcę (nauczyciela, lidera grupy rówieśniczej) cenisz?
   A) Zawsze dokładnego.
   B) Zawsze uprzejmego.
6. Co zdarza się częściej?
   A) Twoimi uczuciami rządzi rozum.

B) Pozwalasz swojemu rozumowi podążać za uczuciem.
7. Co sprawia, że silniej odczuwasz dyskomfort?
A) Bycie nierozsądnym.
B) Bycie obojętnym.
8. W każdej z poniższych par wyrazów wybierz ten, który bardziej odpowiada Twojemu duchowemu odczuciu (pierwsze słowo to odpowiedź A, drugie – odpowiedź B):
- stanowczy – współczujący
- analizować – sympatyzować
- wyższość – powodzenie
- krytyczny – niekrytyczny
- przekonujący – bojaźliwy
- uparty – łagodny
- cierpieć w milczeniu – przebaczyć
- co powiedział? – kto powiedział?
- stanowczy – oddany
- przezorny – sympatyk.

Podlicz odpowiedzi. Jeśli więcej jest odpowiedzi „A", oznacza to, że należysz do typu myślącego. Ludzie tacy swoje decyzje podejmują na podstawie logicznej analizy obiektywnych faktów, przy czym są skłonni rozpatrywać najmniejsze nawet detale, także te, które są nieprzyjemne. Typ myślący z łatwością krytykuje innych, jeśli widzi, że ma do tego podstawy. Może zranić czyjeś uczucia i nawet tego nie zauważy.

Przeciwieństwem typu myślącego jest typ emocjonalny lub uczuciowy – przewaga odpowiedzi „B". Ludzie tacy w większym stopniu są zorientowani na osobiste, etyczne wartości każdego człowieka. Uważają, że logika jest niedostatecznym instrumentem przy podejmowaniu decyzji. Dlatego planując działania, starają się uwzględniać uwagi i uczucia wszystkich osób, które mają związek ze sprawą. We współpracy z innymi są taktowni, delikatni i współczujący.

Oczywiście test ten może dać Ci jedynie ogólne wyobrażenie o jednym z aspektów Twojego stylu podejmowania decyzji. Jego wyników nie można traktować jako jedynie słusznej wyroczni, jednak warto przeprowadzać tego typu sprawdziany, bo pomagają one nam niejako zajrzeć w głąb siebie.

Możliwe, że sposób, w jaki podejmujesz decyzje, zależy od tego, czego dotyczy decyzja i jaki będzie miała wpływ na Twoje życie. Czy umiesz być elastyczny, jesteś otwarty na nowe możliwości, dostosowujesz się do sytuacji?

Często życie weryfikuje nasze plany, może się więc też zdarzyć, że dotychczas nierealne marzenia nagle mają szansę być zrealizowane. Oto przykłady:

Brakuje Ci przestrzeni w domu, jesteś zawalony papierami. Kupujesz kolejne „korytka" na dokumenty, a potem kolejny regał. Zamiast półek z dokumentami wolałbyś mieć na ścianie obrazy, jednak nie możesz wyrzucić papierów, bo wszystkie są Ci potrzebne. Chcąc rozwiązać problem, podejmujesz decyzję, która w tym momencie wydaje Ci się najwłaściwsza, choć nie daje ci szansy na spełnienie oczekiwań (czyli na te wymarzone obrazy na ścianach) – zamawiasz wielki regał. Jednak omawiając zamówienie ze stolarzem, wpadasz na pomysł: „Przecież mogę kupić skaner!". Przed laty, gdy zacząłeś gromadzić papiery, nie było to możliwe. Teraz jest to już popularna metoda archiwizacji, jednak tak byłeś przyzwyczajony do starego stylu pracy, że nie dostrzegłeś tej możliwości wcześniej. Skopiujesz dokumenty, które nie muszą być przechowywane w wersji papierowej, i zmieścisz je wszystkie na jednym dysku zewnętrznym. Jaka oszczędność miejsca!

W tym przypadku rezygnacja z prawie już zamówionego, kolejnego regału wcale nie świadczy o Twojej niestabilności czy skłonności do pochopnych decyzji; to dowód na to, że jesteś elastyczny, potrafisz dostrzec inne możliwości, akceptujesz je i bierzesz pod uwagę. Możesz pozbyć się regałów i kupić wymarzone obrazy.

Inny przykład: od lat marzy Ci się wycieczka do Szwecji, chciałbyś pojechać tam z żoną, chociaż na tydzień. Niestety, nie stać Cię na to – ceny biletów i koszty pobytu są za wysokie, analizujesz to co roku, a wakacje wciąż spędzacie w domku letniskowym siostry na Mazurach. I nagle pojawia się tani przewoźnik, który oferuje loty za jedną czwartą ceny. Ponownie rozważasz decyzję i okazuje się, że masz wystarczająco dużo pieniędzy na podróż życia.

Kolejna sytuacja: chciałbyś ukończyć studia, ale wciąż masz ważniejsze wydatki. Pewnego dnia trafiasz jednak na informację, że kierunek, który najbardziej odpowiada Twoim potrzebom, można studiować prawie za darmo, bo uczelnia otrzymała dofinansowanie z Unii. Decydujesz się natychmiast.

B. Etapy podejmowania decyzji

Niezależnie od tego, z jakiego powodu podejmujesz decyzję ani jakie konsekwencje się z nią wiążą, w każdym przypadku musisz przejść przez kolejne jej etapy. Ważne jest zatem, by prawidłowo je określić i poświęcić im odpowiednio dużo uwagi. Posłuchaj, jakie są zasady działania tego procesu.

Pierwszy etap to zdefiniowanie problemu, analiza sytuacji i zbieranie danych. Nazwij problem, określ jego przyczyny i cel – co chcesz osiągnąć? Sprawdź, czy cel ten jest zbieżny z Twoimi ogólnymi życiowymi celami, Twoim światopoglądem, wyznawanym systemem wartości (o wyznaczaniu celów i ustalaniu swoich wartości nadrzędnych piszę w innych książkach tego cyklu).

Następna kwestia do rozstrzygnięcia to odpowiedź na pytanie, kiedy chcesz osiągnąć korzyść. Czy zależy Ci na szybkich efektach, czy możesz poczekać dłużej? Jak wielki trud czy koszt możesz i chcesz ponieść? Jaki wpływ na Twoją przyszłość będzie miała ta decyzja? Czy osiągnięcie tego celu ułatwi Ci realizację Twoich dalszych planów, czyli jakiegoś długoterminowego celu? Ile masz czasu na podjęcie decyzji?

Jest mnóstwo pytań i tematów do przemyślenia. A to jeszcze nie wszystko – powinieneś wziąć pod uwagę także innych ludzi. Pomyśl, na czyje życie i w jaki sposób wpłynie to, co postanowisz. Co się zmieni? Ważne jest też uświadomienie sobie własnej motywacji i ustalenie, czemu służyć ma ta decyzja – czy jest to reakcja na problem, czy podjęcie działania, które ma czemuś zapobiec.

Zanim uruchomisz lawinę zdarzeń, decydując się na zmianę, zastanów się, czy faktycznie coś trzeba zmieniać (być może to jedynie pogorszy sytuację, a niepodjęcie decyzji to też decyzja). Czasem trzeba się wycofać ze „wspaniałego", jak nam się początkowo wydawało, pomysłu.

Wyobraź sobie taką sytuację: zależy Ci, żeby Twoje dziecko poszło do szkoły muzycznej. Są pewne przeszkody – mieszkacie daleko i codzienny dojazd do szkoły zająłby dwie godziny, rozważasz więc przeprowadzkę w inną część miasta. Jako rodzice, którzy znają swoje dziecko, jesteście przekonani, że dziecko będzie miało ochotę i cierpliwość codziennie ćwiczyć grę na instrumencie, bo lubi muzykę i nie rozmyśli się za kilka miesięcy. Przedyskutowaliście to i decyzję o przeprowadzce uważacie za słuszną. Czy jednak jesteście pewni, że dziecko jest uzdolnione muzycznie? Czy naprawdę będzie chciało rozwijać się w tym kierunku i poświęcić całe dzieciństwo muzyce? Jeśli odpowiedź na te pytania brzmi „nie", prawdopodobnie niepodjęcie decyzji o przeprowadzce będzie w tym przypadku właściwsze niż jej podjęcie.

Inny przykład: jesteś właścicielem firmy. Rozważasz zatrudnienie lektora języka niemieckiego, który ma podszkolić pracowników. Zastanawiasz się, czy lekcje mają odbywać się w trakcie godzin pracy i czy pracownicy mają partycypować w kosztach nauki. Prawdopodobnie uznałeś, że biegła znajomość niemieckiego jest niezbędna do pracy w Twojej firmie – ale czy na wszystkich stanowiskach? I czy osoby, które wybrałeś, posiadają uzdolnienia językowe? Czy podołają? Czy będą się uczyć? Czy to będzie inwestycja, która przyniesie zysk? Czy pracownicy planują długoletnią karierę w Twojej firmie? Jakie są zapisy w ich umowach o pracę? Znowu – niepodjęcie planowanej decyzji po powtórnym przeanalizowaniu wszystkich przesłanek może wydawać się właściwsze.

Albo sprawa kupna samochodu: chcesz, żeby w jak najkrótszym czasie wóz rozpędzał się do setki czy raczej żeby miał pojemny bagażnik, bo kilka razy w roku jeździcie na wakacje i zabierasz dużo sprzętu? A może wciąż mógłbyś jeździć swoim starym autem? Czemu w ogóle rozważasz kupno nowego samochodu? Skąd ten pomysł? Czy uświadamiasz sobie to wszystko?

Na takie i podobne pytania powinieneś sobie szczerze odpowiadać, podejmując decyzje mające znaczny wpływ na Ciebie i Twoje otoczenie. Ale czy zawsze powinieneś tak analizować temat? Przed każdą decyzją? Karl Kraus, znany austriacki dziennikarz, twierdził, że słaby człowiek wątpi przed decyzją, silny – po niej. Oznacza to, że nie powinniśmy bać się szybkich decyzji, zresztą w codziennym życiu czy naszej pracy zbyt gruntowne zgłębianie wszystkich aspektów każdej sprawy może być nawet szkodliwe i blokować nasze normalne funkcjonowanie – zwłaszcza gdy decyzję należy podjąć w bardzo krótkim czasie. Jeśli na przykład potrzebujesz wizytówek i masz już ich projekt, nie musisz porównywać ofert 20 drukarni, zapraszać ich do przetargu, przeprowadzać profesjonalnej analizy całej branży graficznej. Po prostu je zamawiasz.

I tu przechodzimy do drugiego etapu, którym jest: określenie możliwych rozwiązań problemu.

Kontynuujmy przykład dotyczący wizytówek: zlecając druk, potrzebujesz... no właśnie, czego? Zależy Ci na czasie, cenie czy na jakości? Pomyśl i wybierz tę drukarnię, która oferuje to, co Ci w tej chwili potrzebne. Nie trać czasu na niepotrzebne rozważania! Nadmiar informacji czasem szkodzi. Zwłaszcza w dzisiejszych czasach, kiedy z każdej strony jesteśmy atakowani przeróżnymi danymi, analizami, raportami, rankingami, w czasach kiedy na proste pytanie wpisane do wyszukiwarki dostajemy kilkaset tysięcy (lub więcej) odpowiedzi...

Przy bardziej złożonych problemach, kiedy konsekwencje złej decyzji mogą być bardzo kosztowne, zagłębienie się w dany temat, zdobycie wiedzy bardzo ułatwia, a nawet warunkuje trafne wybory. Zatem po zdefiniowaniu problemu, analizie sytuacji i zebraniu danych (pierwszy etap) przechodzimy do etapu drugiego – określania możliwych rozwiązań.

Spokojnie przyjrzyj się możliwościom, kolejno odpowiadając sobie na pytania: Jakie dają korzyści? Jakie ryzyko niosą? Jakimi narzędziami można to oszacować? Jakie mierniki wziąć pod uwagę? Co na ten temat mają do powiedzenia eksperci? Zastanów się nad konkretnymi rozwiązaniami. Spisz je – to bardzo przydatna metoda, zwłaszcza gdy jesteś wzrokowcem – określ plusy i minusy każdego z nich. Zwykłe spisanie na kartce to chyba najprostsza i najtańsza metoda porządkowania myśli, zupełnie niesłusznie bagatelizowana.

Proponując różne opcje, weź pod uwagę możliwość niepowodzenia każdej z nich. Określ prawdopodobieństwo sukcesu i porażki wszystkich pomysłów – prawdopodobieństwo, bo pewności nie możesz mieć nigdy. Wykorzystaj do tego narzędzia statystyczne. A gdy już to wszystko zrobisz… nie, jeszcze nie podejmuj decyzji, szczególnie gdy dotyczy ona kwestii dla Ciebie bardzo istotnych. Za wcześnie. Musisz jeszcze spojrzeć na problem z drugiej strony, nabrać dystansu. Poproś o opinię osobę, która ma odmienne zdanie lub jest krytycznie nastawiona do Twoich pomysłów. Nie poprzestawaj i na tym – zainteresuj swoim problemem kolejne osoby, na przykład pracowników czy współpracowników, jeśli sprawa dotyczy dziedziny zawodowej. Przygotuj ankietę, w której będą mogli zagłosować na konkretne propozycje lub zaproponować swoje. Zorganizuj warsztaty, burzę mózgów. Prawdopodobnie Twoi współpracownicy poczują się ważni i przedstawią Ci pomysły, na które nie wpadłeś…

Naturalnie warto też skorzystać z innych sprawdzonych metod, takich jak na przykład drzewo decyzyjne. Ta ceniona i popularna technika graficzna polega, ogólnie mówiąc, na narysowaniu różnych rozwiązań danego problemu wraz z „odgałęzieniami", czyli konsekwencjami danego posunięcia. Przydatny może być także tak zwany kalkulator ryzyka, który pomoże Ci określić stopień ryzyka, jakie jesteś gotów podjąć, a także to, czy inne osoby zaangażowane w wykonanie decyzji będą równie zdecydowane jak Ty.

Gdy określisz już możliwe sposoby rozwiązania problemu, możesz przejść do trzeciego, finalnego etapu, którym jest wybór najlepszego rozwiązania – podjęcie decyzji. Kluczową kwestią jest uświadomienie sobie własnych cech psychicznych, skłonności – czy dokonując wyboru, skupiam się na faktach czy na przeczuciach? I jak jest lepiej? Trudno odpowiedzieć jednoznacznie na to pytanie.

W każdym razie na tym ostatnim etapie, po przeanalizowaniu faktów, warto dać sobie chwilę oddechu przed ostatecznym rozwiązaniem. Jak? Po prostu prześpij się z tym problemem, pozwól działać podświadomości, niech da Ci jakąś podpowiedź. Nie zapominaj też o zasadzie, że podejmowanie takiej samej decyzji po raz kolejny wcale nie gwarantuje jej powodzenia za każdym razem. Wręcz przeciwnie: jeśli na przykład trzy razy z rzędu zorganizowałeś w połowie czerwca piknik dla swoich pracowników (współpracowników, członków klubu, krewnych, podopiecznych) i były to bardzo udane imprezy, to wcale nie oznacza, że za czwartym razem też będzie rewelacyjnie. Dlaczego tym razem może się nie udać? Powodów może być kilka. Choćby najzwyklejsze znudzenie, bo ludzie chcą odmiany, nowych atrakcji.

Tak czy inaczej – dokonaj wyboru, podejmij decyzję, przyjmij za nią odpowiedzialność. A gdy już to zrobisz, zadbaj o właściwą komunikację. Wszystkim zainteresowanym – o ile to możliwe – przekaż swoją decyzję osobiście. Zwłaszcza jeśli jest ona „niepopularna". Wyjaśnij im, co zdecydowało o tym, że ją podjąłeś. Poinformuj, jakie niedogodności czekają poszczególne osoby oraz jakie i kiedy wynikną z tego korzyści. Tę zasadę znają na pewno zarządcy budynków czy dróg, przeprowadzający ich naprawy, którzy umieszczają komunikaty w rodzaju: „Przepraszamy za niedogodności, remont potrwa do 20 listopada". W Warszawie w dwa tysiące jedenastym roku widziałem tabliczkę z tekstem: „Przepraszamy, ale żeby wybudować metro, musimy wydłużyć Twój spacer o 460 metrów". Między wierszami można tu wyczytać: „wiemy, że jest ci źle" i „to dla ciebie jest to metro". Taki przekaz z pewnością będzie lepiej odebrany niż suchy komunikat: „Uwaga! Objazd! Musisz dodatkowo przejść pół kilometra!". Konsekwentnie trzymaj się swojej decyzji i wyciągnij z niej jak najwięcej korzyści.

Rozdział 4

Uwaga, przeszkody!

Przekonanie, że wystarczy dobrze przemyśleć decyzję, by wszystko się udało, byłoby naturalnie naiwnością. Trzeba bowiem przygotować się na przeszkody, które mogą się pojawić. Do tych najpowszechniejszych, które utrudniają podejmowanie decyzji, należą: szum komunikacyjny (czyli natłok lub przeciwnie – niedobór danych), nadmiar możliwości (bądź brak alternatywy), strach przed konsekwencjami (czyli *de facto* przed przyjęciem odpowiedzialności).

Trudności powoduje też brak określenia konkretnego celu, jaki mielibyśmy osiągnąć, podejmując decyzję, a także wzięcie pod uwagę jednego tylko punktu widzenia czy brak obiektywizmu.

Umiejętność podejmowania decyzji przydaje się w każdej dziedzinie życia – prywatnej i zawodowej. Istnieją jednak profesje, których bez tej umiejętności po prostu nie można wykonywać. Chodzi o stanowiska kierownicze i menedżerskie, bowiem od tego, co postanowi prezes zarządu, zależy los całej firmy! Poczucie odpowiedzialności, obawa, czy dokonało się dobrego wyboru, są ogromnie stresujące, a to z kolei może blokować działanie, przesłaniać korzyści z podjętej decyzji. Stres może spowodować, że będziesz się bał zaryzykować, wiedząc, że zysk nie do końca jest pewny.

Zgodnie z definicją stres to dynamiczna relacja adaptacyjna pomiędzy możliwościami jednostki a wymogami sytuacji (stresorem) charakteryzująca się brakiem równowagi, którą człowiek chce przywrócić. W ten sposób rozumiany stres jest do życia niezbędny, jak twierdził twórca tego pojęcia Hans Selye, który badał to zjawisko przez kilkadziesiąt lat, a do psychologii wprowadził je w 1956 roku.

Menedżerowie narażeni są jednak na stałe funkcjonowanie w stresie. To ogromnie wycieńcza organizm, który nie jest do takiej pracy przygotowany, bo stres to nietypowa reakcja organizmu na wymagającą sytuację. Tworzy się więc błędne koło – jeśli stres jest silny i trwa długo, blokuje nasze działanie, a tym samym utrudnia usunięcie niepożądanej sytuacji, czyli stresora. Będąc w stresie, nie jesteśmy sobą – często zdarza się, że nie postępujemy racjonalnie. Nie potrafimy trzeźwo ocenić sytuacji, przewidzieć skutków danego zachowania. Podejmując decyzje w stresie, możemy postąpić nie tak, jak byśmy tego chcieli, jak zrobilibyśmy, mając jasny obraz tego, co się dzieje. Nie muszę chyba wyjaśniać, z jak poważnymi konsekwencjami się to wiąże – stres niszczy nasze zdrowie, a przecież jesteśmy zobowiązani się o nie troszczyć. Poza tym nasz stan wpływa też na naszych bliskich. Zestresowani w pracy mąż–ojciec oraz żona–matka mają bardzo negatywny wpływ na domowe życie.

Jak zatem przywrócić równowagę? Jak utrzymać odzyskane poczucie spełnienia i zadowolenia i nie dać się wpędzić w błędne koło stresu? Zadaj sobie pytanie: czy bardziej jesteś menedżerem swojej firmy, czy siebie, swojego zdrowia i swojej rodziny? Oto kolejny dylemat do rozstrzygnięcia: czego chcesz od życia, co jest dla Ciebie najważniejsze? Czy zrezygnujesz z rodziny na rzecz firmy? Odpowiedź wydaje się oczywista, ale zależy głównie od przyjętych wartości.

Stres wydaje się najpoważniejszym czynnikiem utrudniającym podjęcie właściwej decyzji (właściwej, czyli takiej, która poprawi jakość naszego życia), jednak negatywny wpływ na ten proces mogą mieć także nasze nawyki. Często to one powodują, że zachowujemy się tak, a nie inaczej. Każdy z nas ma jakieś zabawne, irytujące lub nieszkodliwe przyzwyczajenia. Pewnie i Tobie zdarza się, że postępujesz tak, jakbyś był zaprogramowany.

Może na przykład wciąż robisz zakupy w sklepiku pod domem, mimo że wiele razy sprzedano Ci tam nieświeży towar i nie zawsze mają akurat to, co chcesz kupić. Dlaczego zatem chodzisz tam nadal? Bo sprzedawca to Twój sąsiad od urodzenia, byliście kumplami w piaskownicy i szkole podstawowej i najzwyczajniej „nie chcesz mu robić przykrości, pozbawiając go zarobku". Czyż tak nie jest?

A może wciąż korzystasz z niedoskonałej przeglądarki internetowej, bo obawiasz się, że inna będzie jeszcze gorsza lub że będziesz musiał od nowa tworzyć listę ulubionych stron (choć wcale tego nie sprawdziłeś)?

Spróbuj zrozumieć, dlaczego to robisz – co sprawia, że tkwisz tam, gdzie nie jest ci dobrze. Lenistwo? Niewiedza? Lęk przed zmianą? Naprawdę niewiele trzeba, aby poprawić jakość życia.

Zacznij od wypisania negatywnych konsekwencji, czyli tego, co możesz stracić przez jakąś zmianę. Załóżmy, że jesteś niezadowolony ze swojego operatora komórkowego – chcesz przenieść numer do innej sieci. Jakie konkretne przeszkody widzisz? Czego się boisz? Które z tych obaw są realne? Co tak naprawdę może się nie powieść? Może tych ryzyk nie jest wcale tak wiele, jak sądziłeś?

Możesz również skorzystać z heurystycznej techniki porządkowania informacja określanej jako SWOT. Bazuje ona na analizie czterech grup czynników wpływających na daną decyzję:

S (*Strengths*) – mocne strony: wszystko to, co stanowi atut, przewagę, zaletę;
W (*Weaknesses*) – słabe strony, czyli wady i bariery;
O (*Opportunities*) – szanse: wszystko to, co stwarza szansę na korzystną zmianę;
T (*Threats*) – zagrożenia: wszystko to, co może spowodować, że zmiana się nie powiedzie.

Elementy zapisywane są zwykle w tabelce i poddawane dalszej analizie. Bardzo polecam metodę SWOT. Jeśli jej nie znasz, poczytaj o niej na przykład w Internecie.

Rozdział 5

Decyzja to wybór

W kształceniu umiejętności podejmowania decyzji bardzo przydają się sprawdzone metody, jednak istotą tego procesu jest proporcja strat i zysków – właśnie szacowania tego należy się nauczyć. Oto korzyści ze zdobycia tej wiedzy:

Po pierwsze – każda zmiana jest dobra, bo odświeża zastany porządek, uruchamia Twoją kreatywność, wytwarza dobrą energię, otwiera nowe możliwości.

Po drugie – masz prawo mieć swoje zdanie. Dlatego sam fakt podjęcia samodzielnej decyzji niezwykle podnosi samoocenę, sprawia, że masz chęć do działania, nastawia Cię pozytywnie.

Po trzecie – to, co robisz, to Twoja decyzja, co świadczy o Twojej dojrzałości i rozsądku;

pamiętaj, że brak decyzji to też decyzja – nie trzeba na siłę wprowadzać zmian, jeśli w jakiejś chwili lepsze jest pozostanie przy dotychczasowym rozwiązaniu.

Po czwarte – samoświadomość. Dowiadujesz się czegoś o sobie, na przykład tego, że boisz się podjąć decyzję.

Po piąte – podejmowanie decyzji to nic innego jak samodzielne tworzenie przyszłości, wpływ na to, co się stanie, kreacja własnego życia.

A. Konsekwencje

Zatem masz wybór – przeanalizuj problem, oceń możliwości, podejmij decyzję i przyjmij za nią odpowiedzialność. Warto zdobyć umiejętności, które ułatwiają przechodzenie przez wszystkie etapy prowadzące do podjęcia decyzji. Które pomagają dostrzec korzyści i zagrożenia wypływające z konsekwencji poszczególnych opcji. Oto praktyczne wskazówki:

Ustal, czy masz zaufanie do samego siebie.

Musisz bowiem wierzyć w to, że potrafisz podejmować decyzje i przyjmować za nie odpowiedzialność, a także że się tego nie boisz. Taka pewność siebie jest możliwa do osiągnięcia, gdy masz dostatecznie jasno określony i zwerbalizowany system wartości, na czele z wartością nadrzędną.

Czy potrafisz określić swoje życiowe wartości? Swoje priorytety, którym podporządkowujesz wszelkie swoje działania, którymi kierujesz się, podejmując decyzje? Nazwij je, bo one stanowią dla Ciebie punkt odniesienia, Twoje oparcie i cel. Na przykład jeśli wiesz, czy ważniejsze jest dla Ciebie zdrowie, czy kariera, błyskawicznie zdecydujesz, czy zgodzić się na prośbę przełożonego, aby przyjść do pracy w sobotę (zresztą po raz kolejny w tym miesiącu).

Jak reagujesz w sytuacjach kryzysowych? Jeśli wiąże się to dla Ciebie ze zbyt dużym stresem, co możesz z tym zrobić? Czy zastanawiałeś się, jak ten stres zmniejszyć? Czy potrafisz delegować zadania?

Czy umiesz przerzucić odpowiedzialność – pozwolić innym podejmować decyzje i ponosić za nie odpowiedzialność? Czy masz świadomość, że umożliwiasz im w ten sposób naukę (na ich własnych błędach) i zdobywanie doświadczenia? Iluż z nas musiało „przekonać się na własnej skórze", że „na tej ulicy są zawsze korki w poniedziałkowe poranki i lepiej jechać dłuższą trasą", że „takie chmury zawsze oznaczają deszcz i lepiej wziąć parasol", że „bilety na koncert znanego wokalisty należy rezerwować pierwszego dnia", że „zawsze należy wozić ze sobą zapasowy garnitur, kiedy jedzie się na konferencję jako trener" i tak dalej? Ileż to razy tłumaczyliśmy dzieciom, że lepiej najpierw odrobić lekcje, a dopiero potem pograć na komputerze czy iść do kolegi. A one i tak robią po swojemu, choć oczywiście potem żałują, że nie posłuchały rodziców. Trudno jednak uczyć się na cudzych błędach. My także jako dzieci musieliśmy sami sparzyć się, by pójść po rozum do głowy.

B. Ryzyko błędu

Każdemu z nas, także już w dorosłym życiu, zdarza się popełnić błąd. Rodzi się pytanie – czy przyznać się do niego, czy raczej przemilczeć, a może wyprzeć się wszystkiego? Najkorzystniejszą i najdojrzalszą decyzją jest oczywiście wyciągnięcie nauki z własnej pomyłki, zapamiętanie sposobu postępowania, by już go nie powtórzyć w przyszłości, a nawet zwyczajne przyznanie z uśmiechem: „Miałeś rację! Niemądrze zrobiłem, nie słuchając Cię, ale teraz już będę wiedział – zapamiętam to na zawsze".

Nie każdego jednak stać na takie zachowanie, wielu ludzi nie potrafi przyznać się do błędu, traktując to jako upokorzenie czy osobistą porażkę. A przecież każdy popełnia błędy, dajmy więc sobie do nich prawo. Jeśli zrobisz błąd – nie szkodzi, dużo gorzej jest, gdy go powtórzysz, bo nie wyciągnąłeś nauczki z tej pierwszej błędnej decyzji.

Świadomość skutków i konsekwencji poprzednich decyzji ułatwia podejmowanie kolejnych. Do tego przydaje się umiejętność analizy rzeczywistości, analizy własnego postępowania – to bardzo przydatna cecha.

Procedura procesu decyzyjnego składa się z trzech podstawowych faz: zbadania sytuacji; opracowania wariantów, ich oceny i wybrania najlepszego; wprowadzenia go w życie. Ile czasu poświęcić na każdy z etapów? Który z nich powinien trwać najdłużej, a który najkrócej?

To raczej indywidualna kwestia, w dużej mierze zależna od dziedziny i rangi zagadnienia. Warto jednak wziąć sobie do serca radę, jakiej w tym zakresie udzielił Albert Einstein. Otóż powiedział on: „Gdybym miał w ciągu godziny podjąć decyzję, to przez 40 minut badałbym problem, przez 15 minut sprawdzałbym, czy to dobrze zrobiłem, a w ciągu ostatnich 5 minut podjąłbym decyzję". Masz już więc odpowiedź – najwięcej czasu poświęć na zbadanie problemu, na dogłębną i uczciwą analizę okoliczności. Ustal swój punkt odniesienia i wprowadź w życie planowane zmiany.

Niektórzy dodają do procesu decyzyjnego jeszcze czwarty etap: kontrolę. Proszę, zwróć uwagę, że nie chodzi o kontrolowanie z zewnątrz, poza procesem, tylko o kontrolę jako ostatni etap całego procesu, związany z realizacją wprowadzonej już w życie decyzji – nadzór, wprowadzanie ewentualnych poprawek, bieżących zmian.

C. Techniki wspomagające podejmowanie decyzji

Znane są różne techniki podejmowania decyzji, a także przeprowadzania kolejnych etapów tego procesu. Wskażę niektóre z nich i zachęcam do szczegółowego ich zbadania. Materiały na ten temat są powszechnie dostępne na rynku.

Najpopularniejszą chyba techniką określania problemu jest diagram Ishikawy, znany także jako diagram ryby (ang. *fishbone diagram*), pomagający ustalić ciąg przyczynowo-skutkowy.

Analiza SWOT, o której już pisałem, to określenie silnych i słabych stron poszczególnych rozwiązań. Należy je porównać, ustalić, co Ci dają. Ciągle miej przy tym na uwadze swój główny cel. Co jest dla Ciebie najważniejsze? Które z tych rozwiązań najbardziej przybliża Cię do osiągnięcia tego celu? Nie opieraj się tylko na własnej opinii, bo ona siłą rzeczy nie jest obiektywna. Uważnie słuchaj, co inni mają do powiedzenia.

Spójrz z innej perspektywy. Zastanów się, czy na pewno masz wszystkie dane – i czy są one poprawne. Nie zapominaj o analizie najgorszego wariantu – jakie rezultaty może przynieść zaproponowane przez Ciebie rozwiązanie? Jeśli może ono spowodować coś, na co się absolutnie nie możesz zgodzić, musisz wymyślić inne…

Zastanów się, czy zadałeś właściwe pytania. Bo oczywiście pytania i szczere odpowiedzi na nie to podstawa procesu decyzyjnego. Co widzisz: las czy drzewa? Innymi słowy: ogół czy szczegół? Spojrzałeś z dystansu czy raczej skupiłeś się tylko na kilku aspektach sprawy? Czy podobny problem już się kiedyś pojawił? Jak sobie z nim poradziłeś? Co się stało, że problem znów zaistniał? Po co w ogóle chcesz podjąć decyzję, zmieniać coś? Czy nie może zostać tak, jak jest? Czy nie lepiej przeczekać, pozwolić innym się wykazać?... Kto jest odpowiedzialny za rozwiązanie problemu?

Pytania, pytania... Z odpowiedzi, jakich udzielisz, zbudujesz argumenty i będziesz wiedział, jaką decyzję podjąć.

Inną metodę proponują James G. March i Johan P. Olsen, autorzy *Rediscovering Institutions: The Organizational Basis of Politics*. Rozróżniają oni dwa podejścia – logikę konsekwencji i logikę stosowności – charakteryzujące się odmiennymi sekwencjami działania, odpowiednio: antycypacyjnymi i obowiązkowymi.

Stosując logikę konsekwencji, zadajemy sobie następujące pytania: Jakie mam warianty (możliwości) wyboru? Jakie są moje wartości (cele i preferencje)? Jakie są konsekwencje wyboru moich wariantów dla moich wartości? Gdy ustalimy odpowiedzi na nie, wybieramy wariant, który pociąga za sobą korzystniejsze konsekwencje.

W przypadku logiki stosowności pytamy: Jakiego rodzaju jest to sytuacja? Kim (w sensie społecznym) jestem? Na ile stosowne są dla mnie różnego rodzaju działania? Następnie postępujemy w sposób najbardziej stosowny.

W procesie podejmowania decyzji, w jego wstępnych etapach, doskonale sprawdza się praca w grupie, bo tworzy to efekt synergii – a jak wiadomo, 1 + 1 = 11 i co dwie głowy, to nie jedna. Pracując razem, stosujemy metody heurystyczne, czyli takie, w których skupiamy się na szukaniu pomysłów, jak rozwiązać problem. Najbardziej znaną metodą pracy zespołowej jest burza mózgów – polega ona na swobodnej wymianie myśli, uwolnieniu fantazji i kreatywności. W tak pracującym zespole potrzebna jest jedna osoba, która będzie zapisywała myśli, skojarzenia, pomysły całej grupy (swoje też), jednak nie oceniając ich w żaden sposób – to jest w tym przypadku bardzo ważne, ale i bardzo trudne. Nie wolno jej, ani nikomu innemu, krytykować ani chwalić rzucanych pomysłów. Tylko taki sposób pozwoli uczestnikom otworzyć się. Burza mózgów to wspaniała, twórcza metoda. Wśród wielu – może nawet niemądrych pomysłów – zazwyczaj znajduje się kilka wartościowych idei, nad którymi będzie można popracować.

Technika SWOT, metoda Jamesa G. Marcha i Johana P. Olsena czy praca zespołowa to tylko niektóre, choć faktycznie najpopularniejsze, techniki wykorzystywane przy podejmowaniu decyzji. Warto poznać też inne, a przykład metodę Gordona czy analizę portfelową. Informacje na ich temat znajdziesz np. w Internecie.

Rozdział 6

W optymalnych warunkach

Mam nadzieję, że nie przytłacza Cię konieczność poznania i wypróbowania tych wszystkich przedstawionych tu metod i w natłoku wskazówek, które podałem, odnajdujesz istotę problemu. Wiele pytań, wiele analiz, wiele warunków do spełnienia…

Rzeczywiście, do podjęcia właściwej decyzji potrzebny jest spokój, harmonia – tylko w takich warunkach można przygotować dobry grunt pod kolejne procesy, kolejne wyzwania. Ale czy w życiu zdarzają się sytuacje, gdy można wyłączyć myślenie i postępować rutynowo? Wyluzować i cieszyć się chwilą? Czy w biznesie, zajmując wysokie stanowiska, można czasem „odpuścić", czy raczej cały czas trzeba kontrolować wszystkie procesy, analizować zmieniające się okoliczności i pilnować, czy aby na pewno dane się nie zmieniły? Sądzę, że można, a nawet trzeba to zrobić! Trzeba dać na luz i po prostu ułatwić sobie życie. Dobrze jest ustalić krytyczne punkty i tylko je monitorować. Nie da się bowiem pilnować wszystkiego i wszystkich. Ani w pracy, ani w domu. Zaufaj sobie i innym. Czasem pozwól sobie na postawę „co ma być, to będzie". Naturalnie tylko po analizie ryzyka i w mniej istotnych kwestiach. Nie możesz sobie bowiem pozwolić na lekkomyślność, zamawiając produkty żywnościowe do restauracji czy pozwalając swojemu czteroletniemu synowi iść samemu na plac zabaw.

Podejmując decyzje, rozważaj wiele możliwości, szukaj różnych wariantów. Nie bój się – wcale nie jest tak, że tylko jedna opcja jest właściwa. Stres i obawa przed podjęciem decyzji często wynikają właśnie z przekonania, że nie wybierzemy właściwie. A tak być nie musi! Opcja, którą wybrałeś, jest w porządku właśnie dlatego, że Ty tak postanowiłeś. Bądź więc otwarty na propozycje. Słuchaj. I podejmij decyzję. Samodzielnie.

☼

Co możesz zapamiętać?

1. Każdą decyzję powinieneś podjąć samodzielnie, ale opierając się na wielu różnych opiniach i dostępnej wiedzy.
2. Aby zagwarantować sobie podejmowanie jak najwłaściwszych decyzji, najpierw poznaj samego siebie – swoje pragnienia, motywacje i predyspozycje.
3. Poznaj i przeanalizuj etapy podejmowania decyzji – określenie problemu, zebranie danych, ich analiza, przemyślenie różnych rozwiązań, wybór, podjęcie decyzji i przyjęcie za nią odpowiedzialności.
4. Poznaj metody kształtujące umiejętność podejmowania decyzji i wybierz najbardziej dla siebie odpowiednią.
5. Największymi przeszkodami w podejmowaniu właściwych decyzji są: stres, brak obiek-

tywizmu, brak konkretnego celu, a także zbyt mało lub zbyt dużo danych.
6. Każdemu zdarza się popełnić błąd – nie bój się pomyłki, lecz uczyń ją pożyteczną lekcją na przyszłość i nie rób tych samych błędów.

Bibliografia

Albright M., Carr C., *Największe błędy menedżerów*, Warszawa 1997.
Allen B.D., Allen W.D., *Formuła 2+2. Skuteczny coaching*, Warszawa 2006.
Anderson Ch., *Za darmo: przyszłość najbardziej radykalnej z cen*, Kraków 2011.
Anthony R., *Pełna wiara w siebie*, Warszawa 2005.
Ariely D., *Zalety irracjonalności. Korzyści z postępowania wbrew logice w domu i pracy*, Wrocław 2010.
Bates W.H., *Naturalne leczenie wzroku bez okularów*, Katowice 2011.
Bettger F., *Jak umiejętnie sprzedawać i zwielokrotnić dochody*, Warszawa 1995.
Blanchard K., Johnson S., *Jednominutowy menedżer*, Konstancin-Jeziorna 1995.
Blanchard K., O'Connor M., *Zarządzanie poprzez wartości*, Warszawa 1998.
Bogacka A.W., *Zdrowie na talerzu*, Białystok 2008.
Bollier D., *Mierzyć wyżej. Historie 25 firm, które osiąg-

nęły sukces, łącząc skuteczne zarządzanie z realizacją misji społecznych, Warszawa 1999.

Bond W.J., *199 sytuacji, w których tracimy czas, i jak ich uniknąć*, Gdańsk 1995.

Bono E. de, *Dziecko w szkole kreatywnego myślenia*, Gliwice 2010.

Bono E. de, *Sześć kapeluszy myślowych*, Gliwice 2007.

Bono E. de, *Sześć ram myślowych*, Gliwice 2009.

Bono E. de, *Wodna logika. Wypłyń na szerokie wody kreatywności*, Gliwice 2011.

Bossidy L., Charan R., *Realizacja. Zasady wprowadzania planów w życie*, Warszawa 2003.

Branden N., *Sześć filarów poczucia własnej wartości*, Łódź 2010.

Branson R., *Zaryzykuj – zrób to! Lekcje życia*, Warszawa-Wesoła 2012.

Brothers J., Eagan E, *Pamięć doskonała w 10 dni*, Warszawa 2000.

Buckingham M., *To jedno, co powinieneś wiedzieć... o świetnym zarządzaniu, wybitnym przywództwie i trwałym sukcesie osobistym*, Warszawa 2006.

Buckingham M., *Wykorzystaj swoje silne strony. Użyj dźwigni swojego talentu*, Waszawa 2010

Buckingham M., Clifton D.O., *Teraz odkryj swoje silne strony*, Warszawa 2003.

Butler E., Pirie M., *Jak podwyższyć swój iloraz inteligencji?*, Gdańsk 1995.

Buzan T., *Mapy myśli*, Łódź 2008.

Buzan T., *Pamięć na zawołanie*, Łódź 1999.

Buzan T., *Podręcznik szybkiego czytania*, Łódź 2003.

Buzan T., *Potęga umysłu. Jak zyskać sprawność fizyczną i umysłową: związek umysłu i ciała*, Warszawa 2003.

Buzan T., Dottino T., Israel R., *Zwykli ludzie – liderzy. Jak maksymalnie wykorzystać kreatywność pracowników*, Warszawa 2008.

Carnegie D., *I ty możesz być liderem*, Warszawa 1995.

Carnegie D., *Jak przestać się martwić i zacząć żyć*, Warszawa 2011.

Carnegie D., *Jak zdobyć przyjaciół i zjednać sobie ludzi*, Warszawa 2011.

Carnegie D., *Po szczeblach słowa. Jak stać się doskonałym mówcą i rozmówcą*, Warszawa 2009.

Carnegie D., Crom M., Crom J.O., *Szkoła biznesu. O pozyskiwaniu klientów na zawsze*, Waszrszawa 2003

Cialdini R., *Wywieranie wpływu na ludzi*, Gdańsk 1998.

Clegg B., *Przyspieszony kurs rozwoju osobistego*, Warszawa 2002.

Cofer C.N., Appley M.H., *Motywacja: teoria i badania*, Warszawa 1972.

Cohen H., *Wszystko możesz wynegocjować. Jak osiągnąć to, co chcesz*, Warszawa 1997. r Covey S.R., 3. rozwiązanie, Poznań 2012.

Covey S.R., *7 nawyków skutecznego działania*, Poznań 2007.

Covey S.R., *8. nawyk*, Poznań 2006.

Covey S.R., Merrill A.R., Merrill R.R., *Najpierw rzeczy najważniejsze*, Warszawa 2007.

Craig M., *50 najlepszych (i najgorszych) interesów w historii biznesu*, Warszawa 2002.

Csikszentmihalyi M., *Przepływ: psychologia optymalnego doświadczenia*, Wrocław 2005

Davis R.C., Lindsmith B., *Ludzie renesansu: umysły, które ukształtowały erę nowożytną*, Poznań 2012

Davis R.D., Braun E.M., *Dar dysleksji. Dlaczego niektórzy zdolni ludzie nie umieją czytać i jak mogą się nauczyć*, Poznań 2001.

Dearlove D., *Biznes w stylu Richarda Bransona. 10 tajemnic twórcy megamarki*, Gdańsk 2009.

DeVos D., *Podstawy wolności. Wartości decydujące o sukcesie jednostek i społeczeństw*, Konstancin-Jeziorna 1998.

DeVos R.M., Conn Ch.P., *Uwierz! Credo człowieka czynu, współzałożyciela Amway Corporation, hołdującego zasadom, które uczyniły Amerykę wielką*, Warszawa 1994.

Dixit A.K., Nalebuff B.J., *Myślenie strategiczne. Jak zapewnić sobie przewagę w biznesie, polityce i życiu prywatnym*, Gliwice 2009.

Dixit A.K., Nalebuff B.J., *Sztuka strategii. Teoria gier w biznesie i życiu prywatnym*, Warszawa 2009.

Dobson J., *Jak budować poczucie wartości w swoim dziecku*, Lublin 1993.

Doskonalenie strategii (seria *Harvard Bussines Review*), praca zbiorowa, Gliwice 2006.

Dryden G., Vos J., *Rewolucja w uczeniu*, Poznań 2000.

Dyer W.W., *Kieruj swoim życiem*, Warszawa 2012.

Dyer W.W., *Pokochaj siebie*, Warszawa 2008.

Edelman R.C., Hiltabiddle T.R., Manz Ch.C., *Syndrom miłego człowieka*, Gliwice 2010.

Eichelberger W., Forthomme P., Nail F., *Quest. Twoja droga do sukcesu. Nie ma prostych recept na sukces, ale są recepty skuteczne*, Warszawa 2008.

Enkelmann N.B., *Biznes i motywacja*, Łódź 1997.

Eysenck H. i M., *Podpatrywanie umysłu. Dlaczego ludzie zachowują się tak, jak się zachowują?*, Gdańsk 1996.

Ferriss T., *4-godzinny tydzień pracy. Nie bądź płatnym niewolnikiem od 7.00 do 17.00*, Warszawa 2009.

Flexner J.T., Waschington. *Człowiek niezastąpiony*, Warszawa 1990.

Forward S., Frazier D., *Szantaż emocjonalny: jak obronić się przed manipulacją i wykorzystaniem*, Gdańsk 2011.

Frankl V.E., *Człowiek w poszukiwaniu sensu*, Warszawa 2009.

Fraser J.F., *Jak Ameryka pracuje*, Przemyśl 1910.

Freud Z., *Wstęp do psychoanalizy*, Warszawa 1994.

Fromm E., *Mieć czy być*, Poznań 2009.

Fromm E., *Niech się stanie człowiek. Z psychologii etyki*, Warszawa 2005.

Fromm E., *O sztuce miłości*, Poznań 2002.

Fromm E., *O sztuce słuchania. Terapeutyczne aspekty psychoanalizy*, Warszawa 2002.

Fromm E., *Serce człowieka. Jego niezwykła zdolność do dobra i zła*, Warszawa 2000.

Fromm E., *Ucieczka od wolności*, Warszawa 2001.

Fromm E., *Zerwać okowy iluzji*, Poznań 2000.

Galloway D., *Sztuka samodyscypliny*, Warszawa 1997.

Gardner H., *Inteligencje wielorakie – teoria w praktyce*, Poznań 2002.

Gawande A., *Potęga checklisty: jak opanować chaos i zyskać swobodę w działaniu*, Kraków 2012.

Gelb M.J., *Leonardo da Vinci odkodowany*, Poznań 2005.

Gelb M.J., Miller Caldicott S., *Myśleć jak Edison*, Poznań 2010.

Gelb M.J., *Myśleć jak geniusz*, Poznań 2004.

Gelb M.J., *Myśleć jak Leonardo da Vinci*, Poznań 2001.

Giblin L., *Umiejętność postępowania z innymi…*, Kraków 1993.

Girard J., Casemore R., *Pokonać drogę na szczyt*, Warszawa 1996.

Glass L., *Toksyczni ludzie*, Poznań 1998.

Godlewska M., *Jak pokonałam raka*, Białystok 2011.

Godwin M., *Kim jestem? 101 dróg do odkrycia siebie*, Warszawa 2001.

Goleman D., *Inteligencja emocjonalna*, Poznań 2002.

Gordon T., *Wychowywanie bez porażek szefów, liderów, przywódców*, Warszawa 1996.

Gorman T., *Droga do skutecznych działań. Motywacja*, Gliwice 2009.

Gorman T., *Droga do wzrostu zysków. Innowacja*, Gliwice 2009.

Greenberg H., Sweeney P., *Jak odnieść sukces i rozwinąć swój potencjał*, Warszawa 2007.

Habeler P., Steinbach K., *Celem jest szczyt*, Warszawa 2011.

Hamel G., Prahalad C.K., *Przewaga konkurencyjna jutra*, Warszawa 1999.

Hamlin S., *Jak mówić, żeby nas słuchali*, Poznań 2008.

Hill N., *Klucze do sukcesu*, Warszawa 1998.

Hill N., *Magiczna drabina do sukcesu*, Warszawa 2007.

Hill N., *Myśl!... i bogać się. Podręcznik człowieka interesu*, Warszawa 2012.

Hill N., *Początek wielkiej kariery*, Gliwice 2009.

Ingram D.B., Parks J.A., *Etyka dla żółtodziobów, czyli wszystko, co powinieneś wiedzieć o...*, Poznań 2003.

Jagiełło J., Zuziak W. [red.], *Człowiek wobec wartości*, Kraków 2006.

James W., *Pragmatyzm*, Warszawa 2009.

Jamruszkiewicz J., *Kurs szybkiego czytania*, Chorzów 2002.

Johnson S., *Tak czy nie. Jak podejmować dobre decyzje*, Konstancin-Jeziorna 1995.

Jones Ch., *Życie jest fascynujące*, Konstancin-Jeziorna 1993.

Kanter R.M., *Wiara w siebie. Jak zaczynają się i kończą dobre i złe passy*, Warszawa 2006.

Keller H., *Historia mojego życia*, Warszawa 1978.

Kirschner J., *Zwycięstwo bez walki. Strategie przeciw agresji*, Gliwice 2008.

Koch R., *Zasada 80/20. Lepsze efekty mniejszym nakładem sił i środków*, Konstancin--Jeziorna 1998.

Kopmeyer M.R., *Praktyczne metody osiągania sukcesu*, Warszawa 1994.

Ksenofont, *Cyrus Wielki. Sztuka zwyciężania*, Warszawa 2008.

Kuba A., Hausman J., *Dzieje samochodu*, Warszawa 1973.

Kumaniecki K., *Historia kultury starożytnej Grecji i Rzymu*, Warszawa 1964.

Lamont G., *Jak podnieść pewność siebie*, Łódź 2008.

Leigh A., Maynard M., *Lider doskonały*, Poznań 1999.

Littauer F., *Osobowość plus*, Warszawa 2007.

Loreau D., *Sztuka prostoty*, Warszawa 2009.

Lott L., Intner R., Mendenhall B., *Autoterapia dla każdego. Spróbuj w osiem tygodni zmienić swoje życie*, Warszawa 2006.

Maige Ch., Muller J.-L., *Walka z czasem. Atut strategiczny przedsiębiorstwa*, Warszawa 1995.

Mansfield P., *Jak być asertywnym*, Poznań 1994.

Martin R., *Niepokorny umysł. Poznaj klucz do myślenia zintegrowanego*, Gliwice 2009.

Maslow A., *Motywacja i osobowość*, Warszawa 2009.

Matusewicz Cz., *Wprowadzenie do psychologii*, Warszawa 2011.

Maxwell J.C., *21 cech skutecznego lidera*, Warszawa 2012.

Maxwell J.C., *Tworzyć liderów, czyli jak wprowadzać innych na drogę sukcesu*, Konstancin-Jeziorna 1997.

Maxwell J.C., *Wszyscy się komunikują, niewielu potrafi się porozumieć*, Warszawa 2011.

McCormack M.H., *O zarządzaniu*, Warszawa 1998.

McElroy K., *Jak inwestować w nieruchomości. Znajdź ukryte zyski, których większość inwestorów nie dostrzega*, Osielsko 2008.

McGee P., *Pewność siebie. Jak mała zmiana może zrobić wielką różnicę*, Gliwice 2011.

McGrath H., Edwards H., *Trudne osobowości. Jak radzić sobie ze szkodliwymi zachowaniami innych oraz własnymi*, Poznań 2010.

Mellody P., Miller A.W., Miller J.K., *Toksyczna miłość i jak się z niej wyzwolić*, Warszawa 2013.

Melody B., *Koniec współuzależnienia*, Poznań 2002.

Miller M., *Style myślenia*, Poznań 2000.

Mingotaud F., *Sprawny kierownik. Techniki osiągania sukcesów*, Warszawa 1994.

MJ DeMarco, *Fastlane milionera*, Katowice 2012.

Morgenstern J., *Jak być doskonale zorganizowanym*, Warszawa 2000.

Nay W.R., *Związek bez gniewu. Jak przerwać błędne koło kłótni, dąsów i cichych dni*, Warszawa 2011.

Nierenberg G.I., *Ekspert. Czy nim jesteś?*, Warszawa 2001.

Ogger G., *Geniusze i spekulanci, Jak rodził się kapitalizm*, Warszawa 1993.

Osho, *Księga zrozumienia. Własna droga do wolności*, Warszawa 2009.

Parkinson C.N., *Prawo pani Parkinson*, Warszawa 1970.

Peale N.V., *Entuzjazm zmienia wszystko. Jak stać się zwycięzcą*, Warszawa 1996.

Peale N.V., *Możesz, jeśli myślisz, że możesz*, Warszawa 2005.

Peale N.V., *Rozbudź w sobie twórczy potencjał*, Warszawa 1997.

Peale N.V., *Uwierz i zwyciężaj. Jak zaufać swoim myślom i poczuć pewność siebie*, Warszawa 1999.

Pietrasiński Z., *Psychologia sprawnego myślenia*, Warszawa 1959.

Pilikowski J., *Podróż w świat etyki*, Kraków 2010.

Pink D.H., *Drive*, Warszawa 2011.

Pirożyński M., *Kształcenie charakteru*, Poznań 1999.

Pismo Święte Starego i Nowego Testamentu. Biblia Tysiąclecia, Warszawa 2002.

Pismo Święte w Przekładzie Nowego Świata, 1997.

Popielski K., *Psychologia egzystencji. Wartości w życiu*, Lublin 2009.

Poznaj swoją osobowość, Bielsko-Biała 1996.

Przemieniecki J., *Psychologia jednostki. Odkoduj szyfr do swego umysłu*, Warszawa 2008.

Pszczołowski T., *Umiejętność przekonywania i dyskusji*, Gdańsk 1998.

Reiman T., *Potęga perswazyjnej komunikacji*, Gliwice 2011.

Robbins A., *Nasza moc bez granic. Skuteczna metoda osiągania życiowych sukcesów za pomocą NLP*, Konstancin-Jeziorna 2009.

Robbins A., *Obudź w sobie olbrzyma... i miej wpływ na całe swoje życie – od zaraz*, Poznań 2002.

Robbins A., *Olbrzymie kroki*, Warszawa 2001.

Robert M., *Nowe myślenie strategiczne: czyste i proste*, Warszawa 2006.

Robinson J.W., *Imperium wolności. Historia Amway Corporation*, Warszawa 1997.

Rose C., Nicholl M.J., *Ucz się szybciej, na miarę XXI wieku*, Warszawa 2003.

Rose N., *Winston Churchill. Życie pod prąd*, Warszawa 1996.

Rychter W., *Dzieje samochodu*, Warszawa 1962.

Ryżak Z., *Zarządzanie energią kluczem do sukcesu*, Warszawa 2008.

Savater F., *Etyka dla syna*, Warszawa 1996.

Schäfer B., *Droga do finansowej wolności. Pierwszy milion w ciągu siedmiu lat*, Warszawa 2011.

Schäfer B., *Zasady zwycięzców*, Warszawa 2007.

Scherman J.R., *Jak skończyć z odwlekaniem i działać skutecznie*, Warszawa 1995.

Schuller R.H., *Ciężkie czasy przemijają, bądź silny i przetrwaj je*, Warszawa 1996.

Schwalbe B., Schwalbe H., Zander E., *Rozwijanie osobowości. Jak zostać sprzedawcą doskonałym*, tom 2, Warszawa 1994.

Schwartz D.J., *Magia myślenia kategoriami sukcesu*, Konstancin-Jeziorna 1994.

Schwartz D.J., *Magia myślenia na wielką skalę. Jak zaprząc duszę i umysł do wielkich osiągnięć*, Warszawa 2008.

Scott S.K., *Notatnik milionera. Jak zwykli ludzie mogą osiągać niezwykłe sukcesy*, Warszawa 1997.

Sedlak K. [red.], *Jak poszukiwać i zjednywać najlepszych pracowników*, Kraków 1995.

Seiwert L.J., *Jak organizować czas*, Warszawa 1998.

Seligman M.E.P., *Co możesz zmienić, a czego nie możesz*, Poznań 1995.

Seligman M.E.P., *Pełnia życia*, Poznań 2011.

Seneka, *Myśli*, Kraków 1989.

Sewell C., Brown P.B., *Klient na całe życie, czyli jak przypadkowego klienta zmienić w wiernego entuzjastę naszych usług*, Warszawa 1992.

Słownik pisarzy antycznych, Warszawa 1982.

Smith A., *Umysł*, Warszawa 1989.

Spector R., *Amazon.com. Historia przedsiębiorstwa, które stworzyło nowy model biznesu*, Warszawa 2000.

Spence G., *Jak skutecznie przekonywać... wszędzie i każdego dnia*, Poznań 2001.

Sprenger R.K., *Zaufanie # 1*, Warszawa 2011.

Staff L., *Michał Anioł*, Warszawa 1990.

Stone D.C., *Podążaj za swymi marzeniami*, Konstancin-Jeziorna 1998.

Swiet J., *Kolumb*, Warszawa 1979.

Szurawski M., *Pamięć. Trening interaktywny*, Łódź 2004.

Szyszkowska M., *W poszukiwaniu sensu życia*, Warszawa 1997.

Tatarkiewicz W., *O szczęściu*, Warszawa 1979.

Tavris C., Aronson E., *Błądzą wszyscy (ale nie ja)*, Sopot-Warszawa 2008.

Tracy B., *Milionerzy z wyboru. 21 tajemnic sukcesu*, Warszawa 2002.

Tracy B., *Plan lotu. Prawdziwy sekret sukcesu*, Warszawa 2008.

Tracy B., Scheelen F.M., *Osobowość lidera*, Warszawa 2001.

Tracy B., *Sztuka zatrudniania najlepszych. 21 praktycznych i sprawdzonych technik do wykorzystania od zaraz*, Warszawa 2006.

Tracy B., *Turbostrategia. 21 skutecznych sposobów na przekształcenie firmy i szybkie zwiększenie zysków*, Warszawa 2004.

Tracy B., *Zarabiaj więcej i awansuj szybciej. 21 sposobów na przyspieszenie kariery*, Warszawa 2007.

Tracy B., *Zarządzanie czasem*, Warszawa 2008.

Tracy B., *Zjedz tę żabę. 21 metod podnoszenia wydajności w pracy i zwalczania skłonności do zwlekania*, Warszawa 2005.

Twentier J.D., *Sztuka chwalenia ludzi*, Warszawa 1998.

Urban H., *Moc pozytywnych słów*, Warszawa 2012.

Ury W., *Odchodząc od nie. Negocjowanie od konfrontacji do kooperacji*, Warszawa 2000.

Vitale J., Klucz do sekretu. *Przyciągnij do siebie wszystko, czego pragniesz*, Gliwice 2009.

Waitley D., *Być najlepszym*, Warszawa 1998.

Waitley D., *Imperium umysłu*, Konstancin-Jeziorna 1997.

Waitley D., *Podwójne zwycięstwo*, Warszawa 1996.

Waitley D., *Sukces zależy od właściwego momentu*, Warszawa 1997.

Waitley D., Tucker R.B., *Gra o sukces. Jak zwyciężać w twórczej rywalizacji*, Warszawa 1996.

Walton S., Huey J., *Sam Walton. Made in America*, Warszawa 1994.

Waterhouse J., Minors D., Waterhouse M., *Twój zegar biologiczny. Jak żyć z nim w zgodzie*, Warszawa 1993.

Wegscheider-Cruse S., *Poczucie własnej wartości. Jak pokochać siebie*, Gdańsk 2007.

Wilson P., *Idealna równowaga. Jak znaleźć czas i sposób na pełnię życia*, Warszawa 2010.

Ziglar Z., *Do zobaczenia na szczycie*, Warszawa 1995.

Ziglar Z., *Droga na szczyt*, Konstancin-Jeziorna 1995.

Ziglar Z., *Ponad szczytem*, Warszawa 1995.

O autorze

Andrzej Moszczyński od 30 lat aktywnie zajmuje się działalnością biznesową. Jego główną kompetencją jest tworzenie skutecznych strategii dla konkretnych obszarów biznesu.

W latach 90. zdobywał doświadczenie w branży reklamowej – był prezesem i założycielem dwóch spółek z o.o. Zatrudniał w nich ponad 40 osób. Spółki te były liderami w swoich branżach, głównie w reklamie zewnętrznej – tranzytowej (reklamy na tramwajach, autobusach i samochodach). W 2001 r. przejęciem pakietów kontrolnych w tych spółkach zainteresowały się dwie firmy: amerykańska spółka giełdowa działająca w ponad 30 krajach, skupiająca się na reklamie radiowej i reklamie zewnętrznej oraz największy w Europie fundusz inwestycyjny. W 2003 r. Andrzej sprzedał udziały w tych spółkach inwestorom strategicznym.

W latach 2005-2015 był prezesem i założycielem spółki, która zajmowała się kompleksową komercjalizacją liderów rynku deweloperskiego (firma w sumie sprzedała ponad 1000 mieszkań oraz 350 apartamentów hotelowych w systemie condo).

W latach 2009-2018 był akcjonariuszem strategicznym oraz przewodniczącym rady nadzorczej fabryki urządzeń okrętowych Expom SA. Spółka ta zasięgiem działania obejmuje cały świat, dostarczając urządzenia (w tym dźwigi i żurawie) dla branży morskiej. W 2018 r. sprzedał pakiet swoich akcji inwestorowi branżowemu.

W 2014 r. utworzył w USA spółkę LLC, która działa w branży wydawniczej. W ciągu 14 lat (poczynając od 2005 r.) napisał w sumie 22 kieszonkowe poradniki z dziedziny rozwoju kompetencji miękkich – obszaru, który ma między innymi znaczenie strategiczne dla budowania wartości niematerialnych i prawnych przedsiębiorstw. Poradniki napisane przez Andrzeja koncentrują się na przekazaniu wiedzy o wartościach i rozwoju osobowości – czynnikach odpowiedzialnych za prowadzenie dobrego życia, bycie spełnionym i szczęśliwym.

Andrzej zdobywał wiedzę z dziedziny budowania wartości firm oraz tworzenia skutecznych strategii przy udziale następujących instytucji: Ernst & Young, Gallup Institute, PricewaterhauseCoopers (PwC) oraz Harward Business Review. Jego kompetencje można przyrównać do pracy **stroiciela instrumentu.**

Kiedy miał 7 lat, mama zabrała go do szkoły muzycznej, aby sprawdzić, czy ma talent. Przeszedł test pozytywnie – okazało się, że może rozpocząć edukację muzyczną. Z różnych powodów to nie nastąpiło. Często jednak w jego książkach czy wykładach można usłyszeć bądź przeczytać przykłady związane ze światem muzyki.

Dlaczego można przyrównać jego kompetencje do pracy stroiciela na przykład fortepianu? Stroiciel udoskonala fortepian, aby jego dźwięk był idealny. Każdy fortepian ma swój określony potencjał mierzony jakością dźwięku – dźwięku, który urzeka i wprowadza ludzi w stan relaksu, a może nawet pozytywnego ukojenia. Podobnie jak stroiciel Andrzej udoskonala różne procesy – szczególnie te, które dotyczą relacji z innymi ludźmi. Wierzy, że ludzie posiadają mechanizm psychologiczny, który można symbolicznie przyrównać do **mentalnego żyroskopu** czy **mentalnego noktowizora**. Rola Andrzeja polega na naprawieniu bądź wprowadzeniu w ruch tych „urządzeń".

Żyroskop jest urządzeniem, które niezależnie od komplikacji pokazuje określony kierunek. Tego typu urządzenie wykorzystywane jest na statkach i w samolotach. Andrzej jest przekonany, że rozwijanie **koncentracji i wyobraźni** prowadzi do włączenia naszego mentalnego żyroskopu. Dzięki temu możemy między innymi znajdować skuteczne rozwiązania skomplikowanych wyzwań.

Noktowizor to wyjątkowe urządzenie, które umożliwia widzenie w ciemności. Jest wykorzystywane przez wojsko, służby wywiadowcze czy myśliwych. Życie Andrzeja ukierunkowane jest na badanie tematu źródeł wewnętrznej motywacji – siły skłaniającej do działania, do przejawiania inicjatywy, do podejmowania wyzwań, do wchodzenia w obszary zupełnie nieznane. Andrzej ma przekonanie, że rozwijanie **poczucia własnej wartości** prowadzi do włączenia naszego mentalnego noktowizora. Bez optymalnego poczucia własnej wartości życie jest ciężarem.

W swojej pracy Andrzej koncentruje się na procesach podnoszących jakość następujących obszarów: właściwe interpretowanie zdarzeń, wyciąganie wniosków z analizy porażek oraz sukcesów, formułowanie właściwych pytań, a także korzystanie z wyobraźni w taki sposób, aby przewidywać swoją przyszłość, co łączy się bezpośrednio z umiejętnością strategicznego myślenia. Umiejętności te pomagają rozumieć mechanizmy wywierania wpływu przez inne osoby i umożliwiają niepoddawanie się wszechobecnej indoktrynacji. Kiedy mentalny noktowizor działa poprawnie, przekazuje w odpowiednim czasie sygnały ostrzegające, że ktoś posługuje się manipulacją, aby osiągnąć swoje cele.

Andrzej posiada również doświadczenie jako prelegent, co związane jest z jego zaangażowaniem w działania społeczne. W ostatnich 30 latach był zapraszany do udziału w różnych szkoleniach i seminariach, zgromadzeniach czy kongresach – w sumie jako mówca wystąpił ponad 700 razy. Jego przemówienia i wykłady znane są z inspirujących przykładów i zachęcających pytań, które mobilizują słuchaczy do działania.

Opinie o książce

Małe dziecko przychodzi na świat bez instrukcji obsługi, o czym boleśnie przekonują się kolejne pokolenia młodych rodziców. A jednak mimo tej pozornej przeszkody ludzkość była i jest w stanie poradzić sobie z tym wyzwaniem. Jak? Młodzi rodzice szybko uczą się – głównie metodą prób i błędów – jak zaspokajać potrzeby swojego dziecka. Rodzicielstwo to ciekawa mieszanka zaufania do własnej intuicji, pomocy bliskich i odwołania do wiedzy ekspertów. To nie stały zestaw umiejętności, które ujawniają się w chwili narodzin dziecka, lecz raczej proces nabywania nowych umiejętności dostosowanych do potrzeb i rozwoju własnych pociech.

Nie inaczej jest w przypadku rozpoznania swoich talentów i wykorzystania ich w codziennym życiu. Nie są to zdolności, jakie nabywa się po przeczytaniu jednej książki lub uczestniczeniu w weekendowych warsztatach, lecz raczej droga, na którą się wchodzi świadomie i którą podąża przez resztę życia. Wybierając się w podróż, zwykle pakujemy ze sobą przewodnik i mapę, dlatego też podczas podróży do własnego wnętrza także warto sięgnąć po jakiś przewodnik. Seria książek autorstwa Andrzeja Moszczyńskiego jest właśnie takim przewodnikiem, zawierającym cenne podpowiedzi oraz techniki odkrywania i wykorzystywania swoich talentów. Autor nie stawia się w pozycji eksperta wiedzącego lepiej, co jest dla nas dobre, lecz raczej doradcy odwołującego się szeroko do filozofii, literatury, współczesnych technik doskonalenia osobowości i własnych doświadczeń. Zdecydowanymi mocnymi stronami tej serii są przykłady z życia ilustrujące prezentowane zagadnienia oraz bogata bibliografia służąca jako punkt do dalszych poszukiwań dla wszystkich zainteresowanych doskonaleniem osobowości. Uważam, że seria ta będzie pomocna dla każdego zainteresowanego świadomym życiem i rozwojem osobistym.

Ania Bogacka
Editorial Consultant and Life Coach

* * *

Na rynku książek wybór poradników jest ogromny, ale wśród tego ogromu istnieją jasne punkty, w oparciu o które można kierować swoim życiem tak, by osiągnąć spełnienie. Samorealizacja jest osiągana poprzez mądrość i świadomość. To samo sprawia, że książki Andrzeja Moszczyńskiego są tak użyteczne i podnoszące na duchu. Dzielenie się mądrością w formie przykładów wielu historycznych postaci oświetla drogę w tej kluczowej podróży. Każda z książek Andrzeja jest kompletna sama w sobie, jednak wszystkie razem stanowią zestaw narzędzi, przy pomocy których każdy z nas może ulepszyć umysł i serce, aby ostatecznie przyjąć proaktywną i współczującą postawę wobec życia. Jako osoba, która badała i edytowała wiele tekstów z filozofii i duchowości, mogę z entuzjazmem polecić tę książkę.

Lawrence E. Payne

Dodatek

Cytaty, które pomagały autorowi napisać tę książkę

Na temat rozwoju

Przeznaczeniem człowieka jest jego charakter.

Heraklit z Efezu

Osobowość kształtuje się nie poprzez piękne słowa, lecz pracą i własnym wysiłkiem.

Albert Einstein

Na temat nastawienia do życia

Jeśli jesteś nieszczęśliwy, to dlatego, że cały czas myślisz raczej o tym, czego nie masz, zamiast koncentrować się na tym, co masz w danej chwili.

Anthony de Mello

W końcu, bracia, wszystko, co jest prawdziwe, co godne, co sprawiedliwe, co czyste, co miłe, co zasługuje na uznanie: jeśli jest jakąś cnotą i czynem chwalebnym – to miejcie na myśli.

List do Filipian 4:8

Na temat szczęścia

Ludzie są na tyle szczęśliwi, na ile sobie pozwolą nimi być.

Abraham Lincoln

Więcej szczęścia jest w dawaniu aniżeli w braniu.

Dz 20:35

Na temat poczucia własnej wartości

Bez Twojego pozwolenia nikt nie może sprawić, że poczujesz się gorszy.

Eleanor Roosevelt

Na temat możliwości człowieka

Nie ma rzeczy niemożliwych, są tylko te trudniejsze do wykonania.

Henry Ford

Gdybyśmy robili wszystkie rzeczy, które jesteśmy w stanie zrobić, wprawilibyśmy się w ogromne zdumienie.

Thomas Edison

Na temat poznawania siebie

Najpierw sami tworzymy własne nawyki, potem nawyki tworzą nas.

John Dryden

Na temat wiary w siebie

Człowiek, który zyska i zachowa władzę nad sobą, dokona rzeczy największych i najtrudniejszych.

Johann Wolfgang von Goethe

Ludzie potrafią, gdy sądzą, że potrafią.

> Wergiliusz

Na temat wnikliwości

Prawdę należy mówić tylko temu, kto chce jej słuchać.

> Seneka Starszy

Język mądrych jest lekarstwem.

> Księga Przysłów 12:18

Na temat wytrwałości

Nic na świecie nie zastąpi wytrwałości. Nie zastąpi jej talent – nie ma nic powszechniejszego niż ludzie utalentowani, którzy nie odnoszą sukcesów. Nie uczyni niczego sam geniusz – nienagradzany geniusz to już prawie przysłowie. Nie uczyni niczego też samo wykształcenie – świat jest pełen ludzi wykształconych, o których zapomniano. Tylko wytrwałość i determinacja są wszechmocne.

John Calvin Coolidge

Możemy zrealizować każde zamierzenie, jeśli potrafimy trwać w nim wystarczająco długo.

Helen Keller

Tak samo, jak pojedynczy krok nie tworzy ścieżki na ziemi, tak pojedyncza myśl nie stworzy ścieżki w Twoim umyśle. Prawdziwa ścieżka powstaje, gdy chodzimy po niej wielokrotnie. Aby stworzyć głęboką ścieżkę mentalną, potrzebne jest wielokrotne powtarzanie myśli, które mają zdominować nasze życie.

Napoleon Bonaparte

Na temat entuzjazmu

Tylko przykład jest zaraźliwy.

Lope de Vega

Na temat odwagi

Życie albo jest śmiałą przygodą, albo nie jest życiem. Nie lękać się zmian, a w obliczu kapryśności losu zachowywać hart ducha – oto siła nie do pokonania.

Helen Keller

Silny jest ten, kto potrafi przezwyciężyć swe szkodliwe przyzwyczajenia.

Benjamin Franklin

Życie jest przygodą dla odważnych albo niczym.

Helen Keller

Na temat realizmu

Kto z was, chcąc zbudować wieżę, nie usiądzie wpierw i nie obliczy wydatków, czy ma na jej wykończenie.

Ew. Łukasza 14:28

Pesymista szuka przeciwności w każdej okazji, optymista widzi okazje w każdej przeciwności.

Winston Churchill

Dajcie mi odpowiednio długą dźwignię i wystarczająco mocną podporę, a sam poruszę cały glob.

Archimedes

OFERTA WYDAWNICZA
Andrew Moszczynski Group sp. z o.o.

www.ingramcontent.com/pod-product-compliance
Lightning Source LLC
LaVergne TN
LVHW041616070526
838199LV00052B/3166